이순득 시집

이팝나무가 말을 건다

◐ 이팝나무가 말을 건다

지은이 ● 이순득

펴낸이 ● 강옥현

주 간 ● 양재일

발행처 ● 도서출판 오감도

초판 인쇄 ● 2025년 8월 12일

초판 발행 ● 2025년 8월 15일

전화 070-7778-2591 010-3206-2591

팩스 (031) 775-0161

출판 등록일 ● 제 10-1651(98. 10. 15)

서울시 중구 을지로3가 268 유일빌딩 604호

ISBN 978-89-5698-443-8 03810

값 10,000원

머리글

모감주나무가 노랗게 불 밝히는 7월이다.

때가 되면 꽃이 피고 열매를 맺는 나무들을 보면서 막연하게나마 꾸었던 꿈, 나무가 꽃을 피우듯 한 번쯤 꽃을 피워보겠다며 우공愚公이 산을 옮기듯 한 편 두 편 모아온 세월이 스무 고개다.

어쩌다 접한 시 공부가 여기까지 왔다. 일상의 잡다한 이야기가 내 마음으로 들어와 소소하게 한 편의 시가 되었으며, 삶에도 긍정의 마음을 심어주고 많은 생각을 정리정돈 해주는 역할을 했다.

라벨의 볼레로 음악처럼 풍선이 부풀 듯 세심하고 부드럽게 넓어지는 삶이길 바라며 내가 쓰는 시가 부끄러움이 되지 않길 바랄 뿐이다.

첫 시집을 내는 데 도움을 주신 양재일 선생님, 부족한 시를 읽고 아낌없이 시평을 해주신 이서연 선생님 감사합니다.

1

하얀 기억 • 012
감꽃 필 때 • 014
아버지의 숫돌 • 016
이팝나무가 말을 건다 • 018
우울한 봄날 • 020
청명淸明 • 021
숨 고르기 • 022
전지剪枝작업을 보며 • 023
봉화 축서사鷲棲寺 가는 길 • 024
별꽃 캐다 • 026
봄 타다 • 027
봄동 • 028

2

사월 어느 날 • 030

사월에 • 032

봄비 • 034

낙장불입落張不入 • 035

입춘立春 • 036

목련 • 038

의미를 만들지 않아도 • 040

이끼의 일 • 041

누리장나무 • 042

담쟁이 • 043

여름 떠난 대부도에서 • 044

여름을 보내며 • 046

여수 사도沙島에 별빛 쏟아지다 • 048

도토리거위벌레의 톱질 • 050

3

여우비 ● 052

유월의 살구나무 ● 054

짝사랑 ● 056

태풍 ● 058

포도마을 ● 060

하지 무렵 ● 062

천황산에 올라 ● 064

접시꽃 앞에 서서 ● 066

하지와 까치수영 ● 068

추분에 ● 069

달을 빚다 ● 070

떨어지다 ● 072

도깨비바늘풀 ● 074

점 빼기 ● 076

4

마음의 허기 ● 078

벌레 먹은 나뭇잎 ● 080

선자령을 걷다 ● 082

이런 꽃이 피기 시작하면 ● 084

처서 ● 086

가을 묵상 ● 088

기울어 가는 ● 090

김제 귀신사에서 ● 092

낮출수록 ● 094

늦가을 풍경 ● 096

가을이 구르다 ● 097

다시 올 계절을 생각한다 ● 098

문紋 ● 100

화절령花折嶺에서 ● 102

상강이 지나가네 ● 104

5

pizza saver • 106

기억의 자유 • 108

눈길 걷다 • 110

동행 • 112

감각 깨우기 • 114

몸이 말하다 • 116

사각지대 • 118

아버지의 대화법 • 120

틈 • 122

포토샵 • 124

휴대전화 충전을 시키며 • 126

들여다보기 • 128

✍ 이순득 시인의 시세계 ‖ 도복희(시인) • 129

1

하얀 기억

하동 쌍계사 벚꽃길
벌써 봄앓이가 시작됐다
나무들은 서둘러 예쁜 옷으로 갈아입고
손님맞이에 열을 올린다
일찌감치 철이 든 나무들
바람결 따라 가지마다 꽃이 핀다
후루루 가벼운 꽃잎들이 나비처럼 날자
향기에 취한 행락객들 벌이 되어 모여든다

눈도 귀도 어두워진 아버지
이 봄나들이가 아버지에겐 얼마나 기억될지
희미해져 가는 당신의 추억들이 하나 둘 흩어지자
쓸쓸한 눈동자가 초점을 잃는다
잠깐이지만 자신을 찾아 돌아오는 시간
간절하게 놓치지 않으려 붙든다
지난날 소싯적 얘기가 풀려나오자
환한 웃음이 얼굴로 번진다

나는 꽃잎처럼 날아갈 것만 같은
아버지의 이야기를
한 장 한 장 주워 주머니에 담는다
정차할 곳을 놓쳐 버린
황망한 이야기들이 허공에서 맴돌고
갈 길 잃은 꽃잎이 멈칫댄다

발밑으로 가볍게 떨어지는 꽃잎들
시들지 않는 그리움 되어 켜켜이 쌓인다

감꽃 필 때

약을 치지 않으면 되는 식물이 없다고
엄마는 걱정이다
이젠 약도 칠 수 없어
텃밭도 접어야 하는데
놀리는 터가 아까워 굽은 허리가 자꾸 굽는다

감나무도 고추도 꽃이 필 때 약을 해야 한다고
작년에는 꽃이 다 쏟아져 까치밥 하나 없었다며
약 세상 되어버린 요즈음
꽃 맺는 나무를 하릴없이 바라다본다

세상 공기가 변하니
식물도 나무도 온전한 열매 맺기 힘들어한다고
괜스레 약통만 들었다 놓는다

민들레 씨방이 날릴 땐 소가 굶었고
감꽃 필 때면

사람들 먹을 것이 없었다던 시절 얘기하며
감나무를 올려다보는 엄마

아버지의 숫돌

친정 마당 장독대 옆
세월을 헤아릴 수 없는 숫돌 하나
반 자도 안 되는 것이 오도카니 앉아 있다

지구 어느 한 모퉁이
귀한 존재로 자리매김하고
온갖 연장을 춤추게 했던 숫돌은 아버지다

한세월 갈고 갈린 흔적들을 고스란히 안고
지난 시절 회상한다
늘 변함없이 스스로의 몸을 닦았던
푸르스름한 숫돌

사람도 관계 속에서 깎여지고 다듬어지듯
움푹 파인 숫돌을 보며
얼마의 갈림이 있어야 둥그러질지
갈 것도 갈릴 것도 없는 삶이 있을까

세월에 밀려 버려지는 귀중한 것들 즐비하다
쓸모없음의 쓸모를 생각하며
여전히 쓸모 있는 마당 귀퉁이 아버지의 숫돌

집안의 대소사를 기쁘게 짊어지셨던 당신이
들어 있다

이팝나무가 말을 건다

이팝나무꽃이 활짝 핀 길을 가다가
아는 언니를 만났다
집에 밥 한번 먹으러 오라고 한다
그냥 밥 한번 먹자 해도
친근함을 느끼는데
집밥이라니
말만 들어도 배가 부르다
의례적인 말이라도
경품에 당첨된 듯 즐거워진다

따뜻한 말 한마디 얼굴에 꽃이 피고
사월의 신록 부풀 듯 가슴도 부푼다
먹거리가 귀하던 시절
이팝나무꽃 같은
푸짐한 밥 한 그릇
먹는 게 소원이라던
…

밥 한 그릇은 여전히
이음새다
누군가에게 다가간다는 건
사람 사이에 살이 오르는 일

이팝나무꽃 피어나듯
풍성한 인정으로 솟아나고
살가운 언니의 얼굴
따뜻한 밥 한 그릇이다

우울한 봄날

바람이 불 때마다
꽃나비가 후루룩 난다

웃어야 할 그녀의 얼굴에
그늘이 진다
곧 떨어지기에 더 슬픈
아름다움을 남겨두고
세월 따라 떠나야 하는 봄

살랑 불어오는 바람이
불청객 하나 남기며 사라진다
돌보지 못한 몸 사방에 불길이 번지듯
고열과 기침이 마구 할퀸다
구석구석 들쑤시며
돌아다니는 바이러스에
몇 날 며칠
몸살을 앓는다

청명淸明

꽃집을 지나는데
후리지아꽃 빛깔이 말갛다
꽃집으로 들어서자 환하게 웃는 아가씨
웃음이 더 말갛다
한 아름 엮은 꽃송이
푸짐하게 안겨준다
멀리서 환하게 떠오르는 사람
꽃보다 맑고 밝은 그대가 생각난다
오늘이 청명이다

숨 고르기

따르릉

이른 새벽 전화벨이 울린다

엄마의 전화다

새벽잠 없으신 엄마의 일상이다

자식들에게 한 바퀴 전화를 돌리는 시간

앞집 먹미댁부터 뒷집 밤실댁 옆집 탕실댁까지

소식 다 들어주려면 숨 넘어간다

아버지 돌아가시고

풀어내는 엄마는 외로움

숨 한 번 참으며 나도

듣기 모드로 돌입한다

전지剪枝작업을 보며

윙윙
아파트 화단 수목 전지작업 한창이다
우수 경칩
수액 끌어 올리던 나무가 멈칫한다

싹둑싹둑 잘려 나가는 나뭇가지 사이로
든든히 쌓아놓은 까치둥지가 흔들린다

여름날 땀 흘려 고른 가지 위에
정성 쌓아 지은 집이 덜렁 위태롭다

지난 가을 드러난 둥지로 아슬함 겪었는데
올봄 또 전지에 가슴 졸인다

차마 떨칠 수 없는 둥지 곁에서
철컥철컥 전지가위가 뒤로 물러선다

봉화 축서사鷲棲寺 가는 길

어쩜,
때늦은 봄날인데도
발밑 곳곳에 피어나는
노란 민들레
무더기로 만발하고

벌써, 한쪽에선
하얀 솜털처럼 되어버린
민들레 씨방들이
미세한 바람에도
가볍게 마음 열고
바람 따라 훌훌 날아오른다

하,
봄 내내 품었던 情 하나
아쉬움에
툭!

미련으로 떨어뜨리자
속세가 저만치

가까스로,
끌어오던 실낱같은 인연
작은 석등石燈 위에
살포시 보금자리 틀자
품었던 연정 싹이 튼다

어느새,
초파일이 다가오나?
하나 둘
축서사 대웅전에
보살님 연등燃燈 내걸고 있다

별꽃 캐다

나는 오늘 호미 들고 별밭으로 나가네

개별꽃 쇠별꽃 큰별꽃 별들이 깔린 밭에서
별을 캔다네
낮이면 풀숲에서 반짝대고
밤이면 별숲에서 반짝이는
크고 작은 별꽃들

사람들 마음속에도
별이 머물지
유별난 사람 특별난 사람
별별 사람 다 있지
난 지금 반짝대는 별들 속에
파묻혀 있다네
가는개별꽃 덩굴개별꽃 숲개별꽃

나는 오늘 바구니 가득 별을 담아 온다네

봄 타다

봄눈이 내린다
막 피어나는 꽃봉오리가 멈칫한다

변덕이 심한 계절
울컥한 바람이 찬 기운 몰고 오자
사방이 오그라든다

잘 나가다가 찬물을 끼얹는 사람
봄이 되니 들쭉날쭉 감정도 봄을 타는지
슬며시 어깃장을 놓는다

부지깽이도 싹을 틔우고 싶어
안달난다는 봄
봄눈이 대수일까
어쩌면 봄을 타고
세상을 향해 날아야 하지 않을까

봄동

잎이 꽃처럼 펼쳐진
봄동
겨우내 눈보라 견디며
이겨낸 것이라
달콤 아삭 상큼하다
봄동
봄에 겨울을 먹는다
겨울이 없다면
봄동의 맛을 느낄 수 있을까
아마도
봄동이란 이름도 없겠지
봄동 봄동
부를수록 정감이 가는
그 이름
봄 똥

2

사월 어느 날

유리문에는 빨간 제비가 날고 있다
친구에게 보낼 책을 가지고 문을 들어서자
산더미처럼 쌓인 박스들이
눈앞을 가로막는다
스마트한 시대라 스마트한 소식은
톡톡대며 가볍게 날아가고
창구에는 거창한 물품만 넘쳐난다

소소함이 사라진 창구에
봄을 몰고 올 것 같은 표정의 할머니가
문을 밀고 들어온다
부스럭대며 새 도로명 못 찾겠다고
불쑥 내미는 희미한 옛 주소
익산으로 보낸다는 박스가 제법 푸짐하다

나이 든 아들놈이 거기서 자취를 해
사골이며 조기며

소소한 이것저것 담았다며
웃는 모습이 훈훈한 봄 같다

뜬금없이 내미는 종이쪽지에
구부렁 오밀조밀
뒤엉킨 글씨들이 싹을 틔우듯 담겨 있다
이젠 서울에서 지방으로 지방에서 서울로
물건들만 왔다 갔다 하는 세상이다
사람은 없고 물질만이 출렁댄다

그래도
자식에게 퍼주는 일이 저렇게 햇살처럼 따스울까
얼굴에 핀 주름이 봄 물결처럼 일렁거린다
친구에게 보내는 책 속에
다시 개나리 같은 노란 쪽지 하나 첨가한다

사월에

온 들판에 노란 민들레
나폴나폴 홀씨를 날린다

민들레는 안다

자기만의 무게 털어내는 시간을

털어내지 못 할 것 없다는 듯이
바람에게 맡기고
다 떠나 보낸다

봄의 알레르기 기승을 부릴 때
사월의 기차 당도하면
온 들이 한 바탕 홍역을 치른다
봄바람이 그렇고 봄꽃이 그렇고
눈물 콧물 다 빼놓고
떠나는 것들로 들썩인다

아무렴,
꽃씨는 꿈이 되어 가볍게 떠난다
어제의 무거움 다 덜어내고
바람에게 몸 맡기고 날아간다
어디든지 하염없이
뿌리내릴 곳 찾아서

봄비

강릉 오죽헌 대밭 위로
봄비가 내리네
사르르 사르르
지난 가을 떨어진 댓잎 위로
단비를 뿌리네

흙을 밀치고 올라오는 것들
화들짝
고개 들고 기지개를 켜네
메마른 가슴 듬뿍
촉촉한 정을 적시네

감탄할 일 없는 세상에
감탄사를 뿌리네
툭! 툭!
감탄이 그리운 이
봄비를 맞네

낙장불입 落張不入

벚꽃이 한 잎 두 잎 낱장을 뽑아낸다

봄의 꼬리를 잡고 늘어지는 꽃잎들
세상을 채우며 흐드러진다

고스톱 한 판 하자는 엄마
낙장불입이라 했건만
던졌다가 이게 아니라며
다시 던지고 다시 던지고
화투 속의 꽃들 홍에 겨워 춤을 추고
동전도 덩달아 이리저리 구른다

벚꽃이 진다

낙장불입이라 했건만
한 장 한 장 추억을 새기며 떠나는 봄을 위해
한바탕 축제를 한다

입춘立春

봄이 슬쩍 햇살을 끌어당기는 오후
아버지가 대문에 입춘방立春榜을 써 붙인다

한 절기를 보내고 맞이하는 하늘이
서설瑞雪로써 의식을 치르고 있다
겨우내 방석처럼 누워있던 생각을 일으키며
꽁꽁 얼어붙은 몸에 바람을 불어 넣는다

내리자마자 녹아버리는 봄눈
봄은 오는 게 아니라 일어서는 것이라고
겨우내 누워있던 몸
일어서야 한다고
꿈틀꿈틀 온몸에 혈기 불어넣는다
[立春大吉 建陽多慶]
"참 좋다 참 좋아"

집집마다 봄바람이 소리를 친다

봄이 일어서고 있다고
옆에서 조카 녀석 글자 수를 헤아리며
"차 암 좋 다 차 암 좋 아"
끄떡 끄떡 봄을 짚어 내린다

목련

봄볕이 주머니 속까지 내리쬐는 오후
봄바람과 내통하던 꽃봉오리
하얀 속살 드러내며 비명을 터뜨린다

산통에서 방금 빠져나온
신생아실 아가들, 자지러진다
꼭 거머쥔 주먹손
얼마의 시간을 기다려야 열릴지
모든 봉오리들 태고를 거머쥔 채
잔뜩 힘이 들어가 있다

뽀송한 솜털 햇살이 핥아 내리자
오랜 이야기를 간직한 세상이 열리고
긴 탯줄이 끊어지는 순간
사방으로 퍼지는 하얀 울음
적막을 뚫는다
호기심 어린 맑은 눈길
방긋대는 배냇짓들이 새롭다

햇살에 몸을 맡긴
하얀 주먹손이 조금씩 펴지고 있다

의미를 만들지 않아도

나무가 꽃을 피워내는 것도
꽃잎을 떨어뜨리는 일도
나무는 나무의 생각대로 하는 일

꽃을 빨리 피우지 않는다고
벌써 잎이 돋는다고 안달 내는 건
우리의 마음

긴 침묵을 깨고
나무는 나무 시계를 따라 싹 틔우고
꽃 피우고 열매 맺어 한세상
그들만의 세계를 살아간다

후루루
꽃잎을 날리며 말을 거는 나무
난 그저 오 오 감탄사로 대답할 뿐

이끼의 일

솔이끼
봄이 되자 보일 듯 말 듯 꽃대가 올라온다

햇살에 비친 가녀린 흔들림이 아지랑이다
땅 위로 올라온 뿌리가 이끼를 붙들자
이끼는 이끼와 손을 잡고 뿌리의 일을 따라 나선다

물기 없는 삶의 푸석함을 촉촉이 적셔주던
이끼 같던 당신, 아버지의 부재는
해를 더해 갈수록 뚜렷해진다
바람과 햇살을 뒤적이며 이끼 같은 포근함으로
덮어주던 정이 아른댄다

뿌리와 한 몸이 되어 습한 기운을 주고받는 이끼
마음을 보듬듯 쓰다듬는 바람길 따라
스르르 꽃이 피어난다

누리장나무

8월
누리장나무가 냄새를 뿜어내는 계절이다
처음 코를 막고 지났던 길
이젠
그 지린내가 익숙하다
올해는 잎도 꽃도 싱싱하니
싱싱한 것들이 내뿜는 향이
퍼져나간다
작년에는 미국선녀벌레 공습을 받아 시름시름
앓았던 누리장나무
한 해를 무던히 이겨낸 표정이 더없이 맑다
해가 더해지면서
내 삶으로 들어온 그 냄새

누리장나무 한 짐 짊어지고
능선을 넘나들던 아버지
저만치서 환하게 웃고 계신다

담쟁이

담을 기어오르는 넝쿨손이 거칠다

보리 서 말과 숟가락 두 개 가지고 성주에 살림 차렸다던 아버지 척박한 모래땅에도 손길이 머물자 한 잎 두 잎 이파리가 늘어나고 기웃대고 더듬는 일마다 풍성해지는 삶의 터전 덩달아 까칠한 마음도 너풀거리는 잎에 묻어둔 채 순순히 몸을 낮출 수 있었다고

위로만 쳐다보고 기어오르던 무모함을 버리자 좌우로도 눈 돌릴 수 있었다고 오르는 것만이 능사가 아니라는 것을 느낀 순간 넓게 뻗어 나가는 것을 배웠다고 세상 밖으로 달려 나가는 바람을 따라 넘실대는 부푼 마음 펼칠 수 있었다고

터 잡고 살아가는 일이란 끈질긴 마음으로 뿌리내리고 울퉁불퉁 주변도 잘 보듬어 어느 곳이든 마음으로 대신하는 푸른 넝쿨손을 가진 아버지

여름 떠난 대부도에서

흔적을 찾을 수 있을까
훌쩍 여름 떠난 자리
어느새 낯선 사람들만 드문드문
비집고 와 앉았다

물결마다 책장 펼치듯
여름 이야기 쏟아냈던 파도가
철 지난 백사장을 넘나들며
빼곡하게 박힌 사연을 묻는다

공허한 횟집에는 손님도 띄엄
횟감 넘치던 어항엔 관객 떠난 무대처럼
조연助演 몇 마리 엎드려 있다

아직도 남아 있는 한낮의 열기에
익어버린 저녁노을
뽈락보다 붉은 얼굴로

마주하는 이야기도 취해가고
파도도 취한 듯 덩달아 너울댄다

여름을 보내며

성한 잎이 없다
잎마다 구멍이 숭숭
먹히고 바래고 찢어지고 떨어졌다
벌레와 따가운 햇살 그리고 태풍과 비바람
한철 지내는 동안 몇 년을 지내온 모습이다

통증을 느끼는 시간도
행복을 바라는 순간도 한때라고
바람이 흔들고 지나간다

상수리 신갈 떡갈나무가 많은 법화산
온갖 벌레들이 모여드는 맛있는 나무
터 잡고 뿌리내린 수 세월
세상사 아랑곳없이 나무는 받아들이고 있다

이리저리 부대끼면서도 묵묵히 잎을 내어주며
굳건히 자리매김하는 나무를 바라본다

곧 가을이다
그래도 남아 있는 잎들
온 산을 노랗게 물들일 것이다

여수 사도沙島에 별빛 쏟아지다

여수 사도에는 여행객을 맞이하는
민박집 서넛 옹기종기 앉아 있다

여수 시내에 살다가 지쳐 들어온 섬
그곳에서 다시 삶이 시작되었다는
중년의 그녀

어영부영 몇 년
심심해서 시작한 식당에
여행객들 줄을 잇는다
야무진 음식 솜씨와 살뜰한 맘 씀이
사람을 불러 모은다

섬에서는 돈 쓸 일 없으니 통장은 불어나고
별이 쏟아지는 저녁이면
툇마루에 앉아 사람들의 이야기를 주워 담는다

'산다는 것은
서로의 고단한 하루를 보듬고 들어주며
저녁이면 또 둘러앉아
마음속에 별을 반짝이게 해주는 일'

도토리거위벌레의 톱질

풋도토리가 여물어 가는 계절이 돌아오면
어김없이 도토리거위벌레 톱질이 시작된다

소리 소문도 없이 며칠째 잘라놓은 가지들
숲길에 질펀하다
톱날이 무딜 때까지 땅바닥에 내려보내는 고된 노동

매끈하게 톱질한 그의 솜씨
진정한 산 속 나무꾼이다
빼어난 목공이라도 이렇게 수십 개씩 한결같을까

한 철 지속된 톱질은 그 녀석이 살아가는 의미
도토리 속 알이 땅을 만나 다음 세상을 이어가고

그 속에서 한 계절을 보내는 애벌레 또한 제 어미의 생

나무에서도 땅에서도
새 생명을 잇기 위한 여정은 계속된다

3

여우비

선자령 오르는 길
화들짝 햇살 비치자 여우비 쏟아진다

추적추적 여우비가 따라 걷자
더욱 빨라지는 발걸음

촉촉한 얼굴로 늘어선 물봉선
뭇시선에 사뭇 부끄러운 몸짓으로 이파리를 흔든다

하양 노랑 분홍의 색다른 빛깔로
늘어난 새 종족 은근히 자랑이다

능선 오르자 설핏 파고드는 햇살 눈부시다
밀착되어 있는 것들 보송해지자
간간이 이어지는 빗줄기
말간 하늘 아래 오락가락
이리저리 마음 끌고 다닌다

발밑까지 따라붙는 잡다한 생각
슬며시 밀어내 본다

때로는 사랑도 한낮에 잠시 다녀가는
여우비가 아니었을까

유월의 살구나무

툭 툭

새벽마다
살구는 하나씩 욕심을 던지고

난

그 욕심을 줍는다

살구나무는 안다
한 번에 다 버릴 수 없다는 것을

나도 그 욕심을
한 번에 다 가질 수 없다는 것을 안다

터지고 깨진 생것일지라도
하나씩 하나씩
소중히 다루고 담아내야 한다는 것을

유월의 살구나무가
말을 걸어온다

짝사랑

밤새 귓가에서 소곤댄다
한 번만 달라고…
이불을 뒤집어쓰고 이리저리 빼보지만
대책 없이 잠만 설친다

엎치락뒤치락 끝없이 칭얼대며
귀를 울리는 소리에도
꿋꿋하게 눈을 감은 채
선잠에 취해 완강하게 버틴다

저항도 해보고 때려도 보지만
끈질기게 따라붙는 그의 정력
두 손을 든다

차마 그냥 넘어가려 했지만
불을 켜고 에프킬라를 확 쏟아붓자
후미진 구석에 처박혀

자기 몸무게의 두 배나 되는 배를
탱탱하게 움켜쥐고 바둥대며 올려다본다

태풍

관절마다 바람이 분다

처음에는
작은 나비 날갯짓

작은 바람도 점점 더 가속도가 붙자
온몸에 몰매 맞은 듯 지끈지끈 몰아닥치는
갱년기 통증

심한 바람은 또다시
평지풍파 일으킬 정도로 폐허를 만들고
아픔 아물 시간도 없이 거칠게 후려친다

휑하니 뿌리째 뽑힌 나무들처럼
물밀듯 밀려오는 순식간 우울감

어쩌면 해가 갈수록 더 심해질
쓰나미 같은 허탈감일지라도

고스란히 받아들여야 할

내 삶의 일부분

발끝에선 또다시 아릿한 파도 소리

포도마을

그곳은 늘 오밀조밀하다
남산동 달동네 좁은 단칸방
새까만 눈동자
동그란 얼굴들이 옹기종기 모여 산다

반짝대는 눈망울 그리움 묻어나고
할매의 거친 손길이지만
따스함이 흐른다

구불대는 골목은 담장 타고 돌고
군데군데 넝쿨풀 칭칭 기둥 안고 오른다
누굴 기다리는지
장죽 빼어 문 할배의 목이 길다

여물지 못한 시큼한 열매라도
꽉 깨물어 보는 고마고만한 아이들
동글동글한 마음들이 어여쁘다

하루 해 뉘엿뉘엿 다 넘어가도록
서로 붙어서 아옹다옹
비좁고 부대껴도 잡은 손 떼지 않고
다독다독 얼굴 부비고 있다

떼굴떼굴 구르는 흙먼지 따라
마음도 같이 구르고
이제나 저제나 돌아올 어멈 그리며
보라색 꿈 키우고 있다

하지 무렵

 버스를 타고 가다가 무엇 하나 꽂을 수 없는 틈바구니에서도 어깨를 엇비슷 비켜서서 서로를 생각하는 사람들 흔들리는 손잡이조차도 공간을 내주며 무언의 눈빛을 건네고 여름 한나절 긴 시간을 붙들자 졸음이 늘어지게 쏟아진다

 그늘을 찾아드는 여름 사람들 뒤로 트럭 가득 하지 감자의 알통이 제법이다 하나 둘 사람이 몰리자 토실한 감자를 골라 담는 운전수의 손길이 바쁘다 검게 탄 얼굴로 햇살이 쏟아진다 산과 들이 만들어낸 그림이 더욱더 짙어질 때 오래도록 맑은 바람이 불고 나뭇잎 사이로 반짝이는 햇살이 길게 늘어진다

 나무의 우듬지가 하루가 다르게 부풀고 울울하게 들어찬 가지가 조금씩 간격을 두고 뻗어나간다 가지도 질서를 안다 공간을 터주고 공생을 터득하며 스스

로 에너지를 만들어 자립을 하는 나무들이 긴 그림자를 만들기 위한 나부낌으로 바람 따라 긴 하루를 보내고 있다

천황산에 올라

혼자라면 어림없을 높은 산
함께하는 친구가 있기에
천 고지를 오른다
끝없이 펼쳐진 능선
아득하게 곡선을 그린다

한 발자국 한 발자국을 믿고
내민 도전장
갑자기 찾아든 여름의 열기
이겨내기엔 힘이 부족하다
이따금
불어오는 산바람
긴 호흡으로 발맞추는 사람들
절기에 맞추어 피어나는
미역줄나무 까치수영 산나리가 고개 내밀며
으랏차 힘을 준다

등산은 뒤돌아보는 맛이 있다

그렇게 성마르게 올라친 것은
또 다른 풍경을 보여주기 위한 것인지
지나온 배경을 되새겨 보면
힘든 것보다 아름답고
풍경 좋은 것만 생각난다

밀양 표충사를 안고 있는
천황산 정상에 올라서자
긴 인내심을 가지고 곤혹스럽게 올라온
내게 산은 말을 건넨다
이 광활한 풍경을 보며
모든 고난을 잊어보라고

접시꽃 앞에 서서

성주에서 대구로 가는 길
무궁화 닮은 접시꽃이 피면
울긋불긋 장관이다

지지대 하나 없이
큰 접시 같은 꽃을 매달고
어찌 저리 꼿꼿한지

땅에 납작 엎드린 새싹
뿌리와 잎사귀를 위해
일 년을 숨죽인 채 정성을 쏟는다

내실을 꼼꼼히 다진
그 이듬해라야
쭉 뽑아 올린 줄기에
다정하게 꽃을 피운다

접시꽃이 그렇듯
여름내 꽃잎 활짝 열고
다정스런 웃음을 피우기까지
시간이 그저 흘렀을까
긴 기다림의 고뇌

한여름 뜨거운 햇살 아래
꼿꼿한 접시꽃 앞에 서서
접시꽃 같은 얼굴로 뒤를 돌아본다

하지와 까치수영

까치수영이 피었다

그동안 키만 쑥쑥 키우더니
며칠 사이
하얀 여름을 매달고
여우 꼬리보다 긴 꽃 무리를 내민다

자잘한 꽃차례가 길고 긴 여름 하루를 수놓자
하나 둘 모여드는 벌 나비 주변 소식 전한다

가장 긴 하루를 밝히는 일이란
이렇게 흩어진 것을 모으고 보듬는
일이 아닌지

추분에

우리 짜장면 먹을까 짬뽕 먹을까
프라이드 먹을까 양념 먹을까
늘 두 갈래 길에서
할까 말까
갈래 말래로 다툰다

분리된 시간
딱 분리된 그릇으로
배달되는 세상
그래그래 세상은 그렇게 변했어

산다는 것은
다툼 속에서 새로움을 찾아가는 것

달을 빚다

추석이면 우린 동그랗게
둘러앉아 송편을 빚는다

쌀가루 반죽하여 치대다 보면
다라 속으로 커다랗게
떠오르는 보름달

창문 뚫고 들어온 달빛
노오란 콩고물 속에서 반짝대고
달빛과 어우러진 말랑한 반죽
별 모양 달 모양 꽃 모양이 된다

때로는 이지러진 사랑도
마음 툭툭 불거져 터진 것도
알콩달콩 속내들과 어울려
고소한 송편 소가 되지

다독다독 조물조물
다정하게 익어가는 맛있는 사랑
두둥실 보름달
우리들 마음속에 스며든다

솔 향기 찜솥에서 피어나자

웃음도 한소끔 솟아오른다

떨어지다

바닥을 보고 걷는 계절이다

자연히 고개가 숙어지는 계절
비를 맞은 잎들이
노랗게 빨갛게 마지막을 장식한다

한 나무 한 가지에서 왔건만
한 잎 한 잎 다른 얼굴이다
몸을 불태워 떠나는 것들
떨어져서 더 아름다운 것들이
한때의 푸른 청춘을 속삭이며
다시 돌아가고 있다

세월 따라 왔다가
세월 따라 흘러가는 것
봄부터 가을까지 함께 했던
나무와 나뭇잎의 관계

오랜 세월 함께 보낸 사람들과
헤어지는 마음일까?

도깨비바늘풀

가을 산을 다녀온 바지에
도깨비바늘이 붙었다

뾰족한 침에 화살표 가시
한 번 매달리면 떼기가 쉽지 않다
한때 노란 꽃 예뻤던 모습
누군가를 붙들고 떠나야 하는 신세다
스치고 지나가는 것들에 매달려
어딘가에 뿌리내려야 한다

멀리까지 떠나야 하는 꽃씨가
나의 바지를 붙들고 늘어진다

우리들은 모두 생이라는 것에 매달려
무언가를 하며 하루를 일구어 간다

어디든 붙어서 새로운 뿌리를 내리고
신발이든 옷이든 찍찍이의 도움을 받고

붙어야 살아가는 도깨비바늘의 악착을
나는 지금 보는 중이다

점 빼기

검정콩 심어둔 자리에 쇠비름 뚝새풀 개망초
온갖 잡초가 자꾸 솟아 오른다
뽑고 또 뽑아도 어느 순간 또 빼곡이 고개 내민다

뽀얗던 피부에 잡티가 하나 둘 늘어난다
나름, 맘에 드는 터전인지 제법 잘도 퍼진다
쑤욱 뿌리 내린 걸 억지로 뽑으려니 생살이 아프다

기름기 흐르던 텃밭이 해가 더하자
푸석하게 윤기가 줄어든다
질긴 것들이 쇠잔한 기운 붙들고
사방에 자리를 잡고 앉는다

가꾸어 놓은 텃밭으로 남아 있던 잡초 뿌리
자양분 찾아 팔을 뻗는다
자라야 할 것들과 그렇지 않은 것들의 터전 탈환이다

4

마음의 허기

옷장 속에 옷은 많은데
입을 옷이 없다

노랑 빨강 옷들이 수두룩
이 옷은 이럴 때 입고
저 옷은 저럴 때 입고
그러다 보니 버릴 것도 없지만
막상 입으려고 하면 유행이 훌쩍 지난
옷들이 슬슬 꽁무니를 뺀다

그렇게 저렇게 입힐 날 기다리며
계절을 품었던 옷들이 쓸쓸히
또 옷걸이에 걸린다

어느 날
어느 한때라도
폼나게 길 나설 날 기다리며
다시 옷장으로 들어간다

계절이 넘어가는 시기에는
늘 허기가 진다
마음의 허기가 계절의 경계에서
우왕좌왕이다

벌레 먹은 나뭇잎

벌레 먹은 나뭇잎 하나가
가지에 걸렸다
날아가지도 떨어지지도 못하고
바람에 날리며 바스락댄다

벌레에게 내줬던 지난여름이
불쑥 떠오르자
나뭇잎은 휑하니
마른 몸이 더욱 오그라든다

산을 오르다
삐끗한 발목이 시큰거린다
좀 나았다고 방심하다 또다시
그곳을 부딪힌다

한 번 생긴 상처는 쉽게 아물지 않고
늘 움츠러들게 만든다

벌레 먹은 나뭇잎을 바라보며
내 삶의 아픔을 바라본다

선자령을 걷다

선자령을 걷다가 가을을 만났다

용담 벌개미취 자주조희풀 분취
고려엉경퀴 도라지 모싯대 쑥부쟁이 새며느리밥풀…
보랏빛 꽃들이 줄지어 고개 내민다
얼굴 돌려 눈을 맞췄다
그 조그마한 것들이 여름을 견뎌내느라
보랏빛 영롱한 색깔을 뿜어내는지 색이 깊다
고난에도 색이 있다면 이런 빛깔일까

깊어져 가는 골짜기에 향기가 묻어 나온다
청미래가 익고 해당화가 보라열매작살이 다래가
머루가 산초가 덜꿩이 가막살이…
온몸 온 시간을 집중한 결실 위로
송두리째 퍼붓는 가을 햇살
반짝이는 사랑 담기고 있다
기름지다

행복에도 냄새가 있다면
이런 냄새일까

가을은 그냥 오는 게 아니었다

이런 꽃이 피기 시작하면

모감주나무에 꽃이 피고
능소화가 피기 시작하면
이젠 서서히 여름 장마가 시작되는 절기다

때를 잊지 않고 찾아온 장마가
모감주나무 금싸라기 같은 노란 꽃에도
주황 꽃을 능글맞게 영글어 내는
능소화에도 후드득 후드득
맥없이 바닥에 뒹굴게 만든다

꽃이 떨어지는 만큼 시간도 떨어져
도망을 가고
한때의 기쁨과 슬픔이 빗물 따라 흐른다

비설거지에 멈칫
"아이고, 이것들 봐라"
"아까워서 어떻게 쓸까"

발길을 멈추고 바라보시는
소녀 같은 나의 어머니

처서

매미가 지독하게 운다
붉은 더위가 물러났건만 울음소리 여전하다
몸속에 감긴 푸른 이야기 풀어내는지
얼마 남지 않은 생 감아올리는지
여름 소리 절정을 이룬다

한쪽이 마비된 사내
육신을 끌고 산을 오른다
어두움 내려앉은 귀 탓인가
라디오 볼륨 자꾸 높아간다
찌지직 전파 타는 소리에
몸도 따라 흐느적 뒤뚱거린다

줄기차게 퍼지는
두 줄기 소리 숲속을 채우고
움직여야 살 수 있다는 사내의 집념
여름 내내 길 위로 이어진다

여름 한 철 소리로 자신을 드러내는
저 열정처럼 사내는 길 위로 생명줄 새긴다
꾹꾹 도장을 찍듯이

어제의 생이 오늘로 이어지듯
오늘 우는 매미의 울음도
거미줄 같은 내일을 통과해
세상을 향해 퍼져 나가고
가파른 계단을 오르고자 하는
사나이의 걸음도 한 발 한 발
간절함을 담는다

가을 묵상

가을이 지나는 거리
추억을 깔아 놓은 듯
켜켜이 낙엽이 쌓였다

싹 틔우고 잎 피운 나무가
내년을 기약하며
훌훌 털어놓은 것들이다

햇살과 바람
색마다 고뇌가 있다

지나온 생
붉은 것은 붉은 대로
노란 것은 더욱 노랗게

나무가 나이테로 추억을 새기듯
잎은 색깔로 추억을 새겼다

난 훗날 무슨 색으로 남을까

나는 나대로
그는 그 나름대로
그렇게 생을 그린다

기울어 가는

오후 여섯 시
요양원 유리창으로 햇살이 슬며시
들어옵니다
기울어진 햇살은 한낮에 보지 못한 것들을
들춰냅니다
투명한 창문에 드러나는 무수한 손자국
흠집투성이 얼룩진 흔적들은
벽지 무늬처럼 그려져 있습니다

비스듬히 들어오는 햇살이 비춰줄 때
보이는 흔적처럼
들고 난 자리에 새겨진 아픔과 상처
마음을 기울여 들여다보고 보듬어 봅니다
뜨거웠던 여름도 차가웠던 겨울도
멀거니 보내버리고
오롯이 어둠 속으로 하나둘 묻히는 기억들

마음만이라도 들락날락
맘대로 움직이기를 바라면서
무거워져 가는 숟가락을 들어 올립니다

무게를 지탱하느라 두 다리는 휘어지고
머릿속은 하얀 기억만 남아
자꾸자꾸 낮아집니다
기울어 가는 지구
기울어 가는 몸
기울어 가는 마음

햇살 사라진 유리창으로
어둠이 내려앉자
하나 둘 흔적들이 사라집니다

김제 귀신사에서

남녘의 가을은 들판에서 시작된다
이른 가을을 찾아 나선
김제 모악산 기슭 청도리 마을
귀신사歸信寺
아직 푸르름에 휩싸인 채 발걸음을 맞이한다
담장 밑 꽃무릇은 막 봉우리를 틔우며
사랑받을 준비를 하고
절집 마당으로 늘어진 감은
풋기를 겨우 벗는 중이다
나지막한 흙담이 여염집처럼 정겹고
어디서 날아 왔을까
메밀꽃 무리들이 담장에 터를 잡고
하얀 마음을 내비친다
마을이 절인지 절이 마을인지
함께 어우러진 이채로운 풍경
단정한 맞배지붕 위로
정갈하게 놓여있는 기왓장들

가을볕에 따사롭게 빛난다
스님 탁발托鉢 보낸 고요한 법당
허공에 몸을 맡긴 풍경
바람이 다가가자 소리로 맞이한다
가을 들녘으로 퍼지는 풍경소리
맑은 소리 따라 감빛으로 익어가는
가을이 오고 있다

낮출수록

상수리나무 밑에 쪼그리고 앉자
보이지 않던 것들이 보인다
낙엽과 함께 지상에 내려와
뒹굴고 있는 고만고만한 작은 것들
어떤 것들은 싹을 틔우고
어떤 것들은 벌레가 파고들고
어떤 것들은 다람쥐가 물어가고
어떤 것들은 사람들의 손길로 들어온다

몸을 낮춰야 보이는 것들이 있다
콩이며 들깨며 땅콩에 고구마
거둬들인 가을 알곡들은
태풍 천둥에 뜨거운 햇살에
때로는 가슴을 졸이고 숙여야 했기에
생긴 것들
구구절절 잔소리를 먹고 철이 들면서
엄마의 굽은 허리도 보이고
갈라진 손톱 밑도 만져진다

가을 산을 오르니 주울 게 많다
도토리며 밤이며
거기다가 시詩까지 주울 수 있으니

늦가을 풍경

정원을 비질하는 할아버지가
나무에 남은 잎을 말없이 올려다본다

쓸어도 쓸어도 쌓이는 잎을 바라보며
무슨 생각을 하실까
봄 여름 지나 이젠 쓸려나가야 하는 것들

허공에 바람이 인다

시간이 스치고 지나가자
흙이 되고 먼지가 되어 왔던 곳으로 돌아가는
낙엽을 바라본다

마음과 계절이 함께 익어가고
나뭇가지 사이로 떨어지는 해가
할아버지 얼굴 위로 엷게 퍼진다

가을이 구르다

길 위에 잎 구르는 가을이다
이리저리 바람을 날리는 나뭇잎
사사 삭―
재빠르게 개펄을 기어가는 바닷게처럼
아스팔트 위를 잘도 달린다

지나간 시간을 저울질하며
늘 제자리걸음 하던 날들
나아간 듯 물러서고 또 물러서고
그래도, 어느새 이만큼

구르는 것도 한 때
가늠할 수 없는 그 많은 시간
봄 꿈에 취해 뒤척이며
구름을 쫓던 여름날을 생각한다

다시 올 계절을 생각한다

가을이 깊어졌다
12월을 향해가는 마지막 날이다
옷을 챙겨 입고 산을 오른다

한껏 쌓인 낙엽들
이젠 허공의 일을 잊은 건가
이리저리 구르며 바닥을 훑고 다닌다

하얀 꽃으로 파란 잎으로
빈 곳을 메꾸어 가던 시절
나부끼고 부대끼며
서로에게 의지했던 날들

발길이 잦은 곳의 낙엽은
문드러지고 부서졌다
땅에서 또 한 번의 삶이 시작되는 것들
흙과 동화되는 것을 보며
우리의 삶도 그렇지 않은가

터벅터벅 길을 가며
구르는 것들을 바라본다

문 紋

퇴근해서 돌아오는 길이 낯설다
계절이 바뀌면서
하늘의 빛깔도 무늬도 달라졌다
늦여름이 잡고 있던 열기를
가을이 슬쩍 밀어내자 무늬가 생겼다

무늬를 생각하자
온갖 무늬가 꼬리를 문다
바람의 무늬 물의 무늬
시간의 무늬 잠자리 날개의 무늬
손가락 지문의 무늬 그 사람의 무늬

무늬를 발음하자 소리 속으로
또 생각이 뒤따른다
하늘의 무늬는 별들
바다의 무늬는 물결

그럼
나의 무늬는
아마도 말과 글의 몸짓
아름다운 모양을 생각하며
밤의 무늬 속으로 발을 들인다

화절령花折嶺에서

가을이 꺼내놓은 꽃들이 절정을 이루는 고갯마루

고한 지나 사북으로 들어서자
탄광은 박물관으로 탈바꿈하고
전당포典當鋪는 전당사典當師로
원주민보다 외지 사람이 들끓는 곳

가난한 시절 꽃이라도 꺾어
연명하던 아픔도 잊은 채
쩐의 전쟁에 휘말리는 곳
꽃 대신 즐비한 전당사 앞 고급차들
돈 맛본 사람들이 돌아가지 못하고 머무는 곳
파리 꿀통에 빠지듯 발목 잡힌 줄 모른 채
꿀맛에 젖어 있다

한탕주의에 빠진 사람들이
게슴츠레한 눈으로 길을 헤맨다

고개마다 고속도로처럼 밀어낸 스키장 슬로프

무심하게 뻗은 리프트 위로

구름이 흐른다

빼앗긴 땅 위로 더 낮게 뿌리내리는 야생초

그 속에서도 정신없이 피어나는 노란 마타리

* 화절령花折嶺 : 꽃꺾이재로 정선 백운산 하이원 리조트 뒷산 운탄運炭 도로.

상강이 지나가네

상강이 지나가는 시간이다
은행나무 노란 잎이 우수수
은행이 떨어진 길 위
생각 없이 걷다가 질펀하게 달라붙는
노란 냄새

이젠 내려놓아야 하는 것들이
마음을 아리게 한다
나무가 은행을 떨구듯
한 짐 두 짐
싸안은 것들을 밀쳐내자
휑하니 바람이 인다

마음을 내려놓고 지나온 길 돌아보자
길 위로 펼쳐진 노란 잎 위로
걷고 있는 가을 시간

5

pizza saver

달려온 피자 한 판이 가지런히 앉아 있다
오토바이 위에서 제법 덜컹거렸을 텐데
다소곳한 자태가 예술이다

두툼한 또띠아 위로
토마토 올리브 치즈 햄 등
올라앉은 토핑이 소담스럽다

토핑을 다 집어삼킬 듯
게처럼 버티고 서 있는 피자 삼발이
뜨거움을 견디며 세 발 곧추세워
흔들리는 것들을 잡아주고 있다

살다 보니 알겠다
잡는 일도 잡히는 일도
뜻대로 되지 않는다는 것을
하지만 흔들리고 불안해도

올곧게 멍청하게 피자 삼발이처럼
서 있다 보면
어디서든 어떻게든
잡아주는 사람이 있다는 것을

한판의 pizza에 pizza saver
보란 듯이 세 발에 힘이 들어간다

기억의 자유

서두른 아침이
밥그릇을 주르르 미끌어뜨린다
박살이 난다 깨지는 순간
오늘은 또 무슨 일?

조각난 그릇이 심통 난 듯 뾰족하게
날을 세운다
징크스가 붙드는 하루
살얼음판을 걷는다
시간을 조각낸 파편들이
긴 시간 저울질하며 모여든다

잊어야 하는 것과
잊지 말아야 하는 것이
실타래처럼 뒤엉킨 하루
화살이 정곡에 꽂히듯
머릿속에 박힌 트라우마

마땅히 깨져야 하는 것과
지니고 간직하는 일 또한
서두른 아침이 알려준 메시지
기억에도 자유가 있다고 했으니

눈길 걷다

눈길을 걷는다

누군가 남긴 발자국 위로
내 발자국을 보탠다
늘 이렇게 앞서가는 사람들

오롯이 가는 길에
발자국을 더해주자
외롭지 않을 발자국
사각사각 밟는 소리 위로
햇살이 내려앉는다

고라니가 남기고 간 발자국 위로
바람이 휩쓸고 지나가자
화들짝 놀란 나무가 눈을 쏟는다

오늘도 오늘이란 길을 가는 사람들
홀로지만 홀로가 아닌 우리

뒤돌아본 하얀 길 위에
남겨진 그리움을 본다

겨울을 몰고 온 하얀 눈밭 위로
발자국을 찍으며 걷는다

동행

얼마나 외로웠으면
서울에서 대구까지 끊임없이 말씀하신다
젊어서 청상이 된 얘기부터 백발이 될 때까지
지치지도 않고 다 털어내신다
흘러가는 세월 사이로 안성을 지나고 망향을 지난다
그래도 힘든 시절은 잊히고 좋은 시절만 생각난다며
어느새 추풍령 넘어서자 새로운 바람이다

대구로 아버지 병문안 가는 길
서울 딸네 집에 요양 겸 치료차 왔다가는 친구 어머니
겸사겸사 모시고 내려가는 중
모두가 출근하고
온종일 집안에는 적막강산이 따로 없다며
두 마리 강아지를 친구 삼아
이런저런 푸념 쏟아냈단다
산짐승이라고는 그래도
그것들과 주고받은 정이 뭔지

발길 떨어지지 않았다며
눈물 글썽이신다

휴게소에 내리자
제대로 걷지도 못하는 다리가
둥실둥실 떠다닌다
집으로 가는 길 그렇게도 신이 났는지
건들거리는 어깨와 자글자글한 웃음이
얼굴 가득 번진다

그동안 얼마나 많은 산을 넘어왔는지
제법 훤칠했던 키가 반이나 줄었단다
그녀의 외로움과 함께한 서너 시간
나는 그 외로움을 통째로 껴안고
병원문을 들어선다

감각 깨우기

몸에 색깔을 입히기 위해
시작한 라인댄스

낯선 동작에 몸이 비틀대자
생소한 감각이 눈을 뜬다

리듬을 얹은 몸이
어리둥절 쑥스러워 웅크려든다
머리와 몸의 거리가 주춤주춤 다가서기에
숨이 가쁘다

한 부분의 느낌을 잡자
전체를 흔드는 감각세포
반복이 거리를 좁혀주자
부드러워지는 변화

머리만이 아닌 몸은 말한다

동작에 길이 들고 익숙해진다면
꼬리가 머리를 흔들 수 있다고

리듬에 몸을 맡기고 빛깔을 입히자
소소한 일상 속으로 찾아드는 생기

몸이 느끼는 즐거움
마음에도 따스하게 전해지는 온기

몸이 말하다

다급하게 울리는 전화기
문을 여는 비밀번호를 묻는다
순간
하얗게 질리는 머릿속
2356인가 3256인가

한 번 두 번
어떡하지
이러다 오류가 나는데
결국
눈을 감고 손가락에 맡긴다

머리가 기억 못 하는 것을
몸은 기억한다
손을 갖다대는 순간
부드럽게 숫자를 읽어 내리는 감각

삐리릭

경쾌한 소리가 난다

사각지대

차선을 바꾸려 깜빡이를 넣었다
차 머리를 밀어 넣자
빵빵 소리에 순간 휘청한다
안도의 숨을 쉬며 가슴을 쓸어내린다
눈을 뜨고도 보이지 않는다

현관문을 열고 들어가자
음식쓰레기 한 뭉텅이 문 앞에 버티고 앉았다
퀴퀴한 냄새가 흐른다
아침에 출근하며 들고 나간다고
잘 보이는 현관에 둔 저 건망증
신발만 끌고 나갔다

해야 할 말과 하지 않아도 될 말이
낙엽처럼 뒤섞여 뒹굴던 날
말과 말 사이 행간을 읽어내지 못한 채
감정의 골을 깊게 만들었다

서로를 잘 안다고 하면서도
감정의 사각지대에 빠졌다

잘 볼 수 있도록
사이드 보조거울까지 더했건만
눈은 어디로 간 건지
늘 긴장 상태에 빠지는 골목들
그곳에서 밤새 무슨 일이
또 일어난 걸까
아침뉴스가 소란하다

아버지의 대화법

고슴도치를 안은 것처럼 가슴이 콕콕 쑤신다
보이지 않는 끈에 묶인 채 전화질만 해댄다

아부지예! 몸은 좀 어떠세요?
늘 그렇지 뭐…
힘들어도 운동도 조금씩 하시고 밥도 많이 드세요
오냐
이달에 한 번 내려갈게요
오냐
제 말 들리세요
오냐

정말 들리는지 건성이신지
힘들까 좀처럼 내려오지 못하게 하시던
아버지가 내려오길 바란다
청년 같던 아버지 몸도 마음도
낙엽처럼 말라버렸다

누구 하나 아버지의 안부를 묻지 않은 채
선걸음에 다녀갔다
표현에 서툰 말솜씨는
늘 주변을 썰렁하게 만들었지만
살가움을 그렇게 표현한다는 것을
이제 알았다

밥숟갈이 무겁게 입으로 들어가자
꺼꺽 목이 막힌다

틈

구두 신고 거리를 걷다가
길에 물려본 적이 있는가

무심코 걷다가
아픈 구석 찔렀는지
길이 사정없이 할퀸다
촘촘히 놓여있던 보도블록
해를 더하자
간격이 서서히 벌어진 것이다

세월 가면
사람에게도 간격이 생기는 것일까
두텁던 시간에 틈이 생기자
잡풀 자라듯 무성한 잡념
자리 잡는다

신발장 열어보자
성한 구두가 별로 없다

이쪽저쪽 긁힌 채로
별일 아니라는 듯 앉아 있다
긁힌 자국
아무 일 아니라는 듯
지울 수 있을까
아픔과 서운함을 문질러본다

지금
도로에는 촘촘히 틈 막아내는
보도블록 교체 작업 한창이다

틈에 물려 상처 난 구두 신고
그대에게 향하는 가벼운 발걸음

포토샵

카메라가 다가오자
앵글 속을 들여다보며 환호한다
정작 눈으로 찍어야 하는 것들
자꾸만 사각형 안에 기대고 의지한다
원형 그대로의 모습을
포토샵으로 입히고 꾸미자
업그레이드된 인물이 등장한다
도구의 위력에 빠진 사진은
세월을 거꾸로 돌린다

말과 글에 치장을 가하자
입과 귀가 달콤 향기롭다
솔직담백한 맛은 어디 가고
거창하고 교묘한 맛에 솔깃하다
그림이든 사진이든 글이든 말이든
처음에는 도구의 위력에 빠져 허우적댄다
조미료가 가해진 음식처럼

혀끝이 감미로운 맛에 빠지자
헛물만 들이킨다
허영이 더해지는 포토샵
가식에 찌든 부푼 말
시간을 입혀 담백한 맛으로 삭히자
허울 좋은 것들이 사라진다

거리에는 보디페인팅을 한 전위예술가들이
아무것도 걸치지 않은 채 시위하고
벗었지만 벗지 않은 몸으로
살갗에 칠한 그것들은 허위가 아닌지

휴대전화 충전을 시키며

연식이 오래된 휴대전화
자꾸만 방전이 된다
함께한 세월이 얼만데
쉽게 없앨 수야

요양원 병실
오래된 시간이 붙들고 늘어진다
어제가 오늘이고 오늘이 어제다
모두 시나브로
방금 일어난 일은 사라지고
과거 일만 살아남는다

그래도 한때
다부지게 살아온 세월인데
자꾸만 과거로 돌아가고픈 시간
켜켜이 쌓인 세월이 등을 돌린다
제대로 작동하지 못하는 기능
들여다보며 한숨짓는다

시도 때도 없이 꺼지려 하는
휴대전화가 자기 무게보다 무거운
충전기를 엎고 다닌다
세월 앞에 장사 없다더니

충전하고 또 충전해
쇠락해 가는 시절
피어날 수 있게 한다면

들여다보기

가구를 옮겼다
분위기가 바뀌자 빛이 들어온다
여름 내내 빛을 받았던 자리는 색이 바랬다
칠 되었던 곳이 옅어지며 다른 색이 자리 잡았다
밝은 색과 어두운 색 명랑한 색 우울한 색
어두웠던 곳이 밝아지자 새로운 모습이다

가끔은 나도 모르게
내 속에서 불쑥 튀어나오는 미운 색깔
본연의 모습일까
거부하며 밀어 넣어보지만
말에서 얼굴에서 감정의 색깔로 드러난다

세상의 밝은 빛이 강해질수록
더욱 선명해지는 어두운 빛
때로는 보이지 않는 감정을 뒤집고 마주하며
위로의 색을 보탠다

🖋 이순득 시인의 시 세계

"말 한마디, 밥 한 그릇, 마음의 이음새"

도복희(시인 · 동양일보 기자)

 시는 언어로 직조된 내면의 풍경이며 세계를 바라보는 시인의 독특한 시선이 응축된 예술이다. 한 편의 시는 짧은 호흡 속에서도 삶의 깊은 본질을 건드리고 독자의 감각을 깨운다.
 한 권의 시집은 시인의 내면 풍경이 가장 진실하게 펼쳐지는 공간이다. 이순득 시인의 시집 『이팝나무가 말을 건다』는 그 제목부터 이미 정서의 결을 예고한다. 한 그루의 나무가 말을 건넨다는 상상은 시인이 세계와 맺고 있는 관계의 방식이며 사물과 존재를 향한 시인의 따뜻하고 섬세한 응시를 담고 있다.

이 시집은 기억과 자연, 가족과 삶의 흔적들을 시인의 담담한 언어로 길어 올리며 사라져가는 것들과 남겨진 자들을 다정하게 어루만진다.

이순득 시인은 자신만의 언어와 리듬으로 현실과 꿈, 기억과 상처를 조형해 왔다. 그의 시에는 일상의 사소한 장면이 담담하지만 강하게 다가오고 그 속에 인간 존재의 본질이 새겨져 있다.

그의 시가 지닌 언어적 특징과 정서적 지형, 그리고 삶을 바라보는 윤리적 시선을 중심으로 시 세계를 조명하고자 한다.

#
하동 쌍계사 벚꽃길
벌써 봄앓이가 시작됐다
나무들은 서둘러 예쁜 옷으로 갈아입고
손님맞이에 열을 올린다
일찌감치 철이 든 나무들
바람결 따라 가지마다 꽃이 핀다
후루루 가벼운 꽃잎들이 나비처럼 날자
향기에 취한 행락객들 벌이 되어 모여든다

눈도 귀도 어두워진 아버지
이 봄나들이가 아버지에겐 얼마나 기억될지

― 「하얀 기억」 일부

　이순득 시인의 「하얀 기억」은 시인이 아버지와 함께 떠난 봄나들이의 한 장면을 배경으로 가족과 기억, 세월의 흐름에 대한 깊은 성찰을 담고 있는 시다. 하동 쌍계사로 향하는 벚꽃길은 단순한 자연의 풍경을 넘어 아버지의 희미해져 가는 기억과 연결된 '정서의 공간'으로 기능한다.

　시의 첫 구절 "하동 쌍계사 벚꽃길 벌써 봄앓이가 시작됐다"는 단순한 계절의 보고이자 동시에 삶의 주기를 상징한다. '봄앓이'는 봄이 왔음을 알리는 자연의 신호이면서 시인에게는 생의 기억을 환기시키는 정서적 기점이 된다. 봄은 생명의 환희이기도 하지만, 이 시에서는 덧없이 사라져가는 것에 대한 아릿한 체험이기도 하다.

　"눈도 귀도 어두워진 아버지"는 생물학적 노쇠를 묘사하는 말이지만, 단순한 신체의 감각 상실을 넘어 '기억의 소멸'을 암시하는 구절이다. 시인은 그 봄날의 아름다움이 과연 아버지에게 '기억'으로 남을 수 있을지 의문을 던진다. 그러나 그 의문은 단순한 슬픔이나 체념이 아닌 삶을 있는 그대로 받아들이는 '체온 있는 시선'으로 마무리된다.

　이 시에서 주목할 만한 점은 시인의 표현 방식이다. 과도한 수식 없이 담담한 언어로 장면을 묘사하지만, 그 진정성에 독자는 쉽게 감정의 결에 이입된다. 이는 시인의 시선이 구체적 현실에 깊이 뿌리내리고 있으면서도 그 현실을 보듬는 '정서의 따뜻함'을 지니고 있기 때문이다.

　결국 「하얀 기억」은 사라져가는 존재와 그 시간을 함께한 사랑의 기억을 '봄'이라는 계절의 은유 속에 담아낸 작품이다. 벚꽃은 피고 지지만, 그 짧은 꽃잎 아래에서 아버지와 보낸 하루는 시인의 마음에 '하얀 기억'으로 남는다. 그리고 그 기억은 독자의 마음에도 오래도록 맴도는 봄의 잔향처럼 머무르게 된다.

#
바람이 불 때마다
꽃나비가 후루룩 난다

웃어야 할 그녀의 얼굴에

그늘이 진다
곧 떨어지기에 더 슬픈
아름다움을 남겨두고
세월 따라 떠나야 하는 봄

살랑 불어오는 바람이
불청객 하나 남기며 사라진다
돌보지 못한 몸 사방 불길이 번지듯
고열과 기침이 마구 할퀸다
구석구석 들쑤시며
돌아다니는 바이러스에
몇 날 며칠
몸살을 앓는다

-「우울한 봄날」전문

  시 「우울한 봄날」은 봄이라는 계절이 갖는 이중성을 섬세하게 드러낸 작품이다. 일반적으로 봄은 생명과 환희의 상징이지만, 시인은 그 찬란함 속에서 오히려 덧없고 슬픈 정조를 길어 올린다.
  시의 첫 구절 "바람이 불 때마다 꽃나비가 후루룩 난다"는 화사한 봄날의 흔한 풍경처럼 보이지만, 여기서 '후루룩'이라는 의성어는 일종의 경쾌함과 허무함을 동시에 품고 있다. 나비는 바람에 날리는 꽃잎처럼 연약하고 그 생은 짧고 가볍다. 시인은 이 짧은 순간의 아름다움을 놓치지 않으면서 그것이 품은 근원적 슬픔에 주목한다.

"웃어야 할 그녀의 얼굴에 그늘이 진다"는 대목은 시의 중심 감정선을 이룬다. '그녀'는 시적 자아이거나 타자일 수 있지만, 봄의 밝음과 대비되는 내면의 우울을 상징한다. 웃어야 하는 계절, 기뻐야 하는 순간임에도 얼굴에 '그늘'이 지는 것은 봄이 주는 감정의 반전이며 인생의 이면을 정직하게 마주하는 시인의 태도이다.

"곧 떨어지기에 더 슬픈 아름다움"이라는 구절은 이 시의 핵심 메시지다. 피는 것과 동시에 질 것을 예감하는 꽃, 절정을 향하되 그 끝을 알기에 더 아린 감정. 시인은 봄이라는 찰나의 아름다움에서 존재의 덧없음을 읽어낸다. 이로써 이 시는 단순한 자연 묘사를 넘어서 시간과 존재, 감정의 깊이를 환기시키는 서정시가 된다.

마지막 연에서는 "살랑 불어오는 바람이 불청객 하나 남기고 사라진다"고 한다. 바람은 봄을 전하지만,

동시에 정서적 '불청객'—슬픔 혹은 공허—를 남기고 지나간다. 그 바람은 기억일 수도 있고 떠난 사람일 수도 있으며 지나간 시간 자체일 수도 있다. 결국 시인은 봄날의 바람 속에서 일상의 슬픔과 삶의 무상함을 마주하고 있는 것이다.

#

나는 오늘 호미 들고 별밭으로 나가네

개별꽃 쇠별꽃 큰별꽃 별들이 깔린 밭에서
별을 캔다네
낮이면 풀숲에서 반짝대고
밤이면 별숲에서 반짝대는
크고 작은 별꽃들

사람들 마음속에도
별이 머물지
유별난 사람 특별난 사람
별별 사람 다 있지
난 지금 반짝대는 별들 속에
파묻혀 있다네

가는개별꽃 덩굴개별꽃 숲개별꽃

　　　나는 오늘 바구니 가득 별을 담아 온다네
　　　　　-「별을 캐다」전문

「별을 캐다」는 시인이 자연을 대하는 태도와 세계를 바라보는 시선을 상징적으로 보여주는 시다. 시는 현실의 노동과 우주의 이미지 그리고 인간 내면의 빛을 하나로 엮어내며 일상에서 만나는 숭고함을 노래한다.
　첫 구절 "나는 오늘 호미 들고 별밭으로 나가네"는 일상적 행위인 '밭일'을 마치 우주적 사건처럼 격상시킨다. 여기서 '별밭'은 실제로는 들꽃이 가득 핀 밭이지만, 시인의 시선에서는 하늘의 별처럼 반짝이는 존재들로 가득한 '존재의 밭'이 된다. 즉, 시인은 자연 속에서 빛나는 생명의 가치를 별에 비유하며 그 하나하나에 마음을 기울인다.
"개별꽃 쇠별꽃 큰별꽃 별들이 깔린 밭에서 별을 캔다네"는 구체적인 식물 이름들을 나열하면서도, 그 이름 속에 '별'이라는 단어가 반복됨으로써 시 전체를 빛나는 이미지로 물들인다. 여기서 별은 하늘에서 떨어진 존재가 아니라 땅 위에 피어난 생명이며 자연이 건네는 찬란한 언어다. '별을 캔다'는 표현은 단순한 노동을 시적인 채집 행위로 전환시키며 자연과의 교감을 묘사한다.

"사람들 마음속에도 별이 머물지"라는 구절에서 시는 자연에서 인간으로 시선을 옮긴다. 밭에 핀 꽃들이 별이라면, 사람들 마음속에 머무는 별은 사랑, 기억, 온기 같은 정서적 빛이다. 이는 시인이 자연과 인간을 같은 맥락에서 바라보는 방식이기도 하며, 그에게 '별'은 단지 물리적 대상이 아니라 삶의 가치와 감정, 영혼의 상징으로 기능한다.

"나는 지금 반짝대는 별들 속에 파묻혀 있다네"는 시인의 심리 상태이자 존재의 상태를 함축한다. 이는 별빛 속에서 안식하고 감응하는 자아의 고백이며 자연과 일체된 시적 존재의 환희를 담고 있다. 이 장면은 단순한 '밭일'을 넘어 자연과 인간이 교감하는 영적 풍경을 그려낸다.

\#

여수 사도에는 여행객을 맞이하는
민박집 서넛 옹기종기 앉아 있다

여수 시내에 살다가 지쳐 들어온 섬
그곳에서 다시 삶이 시작되었다는
중년의 그녀

어영부영 몇 년
심심해서 시작한 식당에
여행객들 줄을 잇는다
야무진 음식 솜씨와 살뜰한 맘 씀이
사람을 불러 모은다

섬에서는 돈 쓸 일 없으니 통장은 불어나고
별이 쏟아지는 저녁이면
툇마루에 앉아 사람들의 이야기를 주워 담는다

'산다는 것은
서로의 고단한 하루 보듬고 들어주며
저녁이면 또 둘러앉아
마음속에 별을 반짝대게 해주는 일'

　　　-「여수 사도沙島에 별빛 쏟아지다」 전문

「여수 사도沙島에 별빛 쏟아지다」는 도시의 소란을

벗어나 고요한 섬에서 새 삶을 살아가는 중년 여성의 일상을 통해 삶의 회복과 정서적 풍요를 잔잔하게 전해주는 시다.

 시의 첫 구절 "여수 사도에는 여행객을 맞이하는 민박집 서넛 옹기종기 앉아 있다"는 외딴 섬 사도의 소박한 풍경을 그려낸다. '옹기종기'라는 표현은 단순한 배열을 넘어 사람 냄새 나는 공간의 따뜻함을 암시한다. 시인은 풍경 묘사를 통해 이 섬이 단순한 여행지 이상의 정서적 공간임을 암시한다.
 이어지는 "여수 시내에 살다가 지쳐 들어온 섬 / 중년의 그녀"는 이 시의 중심인물인 '그녀'를 등장시킨다. 그녀는 도시에서의 피로를 안고 사도로 들어와 새로운 삶을 시작한다. 이 대목은 독자에게 '사도'라는 공간이 단순한 지리적 장소가 아니라 정서적 안식처이자 재생의 공간임을 느끼게 한다.
 "심심해서 시작한 식당에 여행객들이 줄을 잇는다"는 구절에서는 예상치 못한 삶의 전환이 드러난다. 우연히 시작한 일이 누군가에게 위로가 되고 또 하나의 인연과 이야기를 만들어낸다. 시인은 이러한 전환의 과정을 담담한 언어로 풀어내며 삶의 흐름 속에서 피어나는 의미를 부드럽게 전달한다.

  마지막 구절 "툇마루에 앉아 사람들의 이야기를 주워담는다"는 이 시의 정서를 응축하는 장면이다. 툇마루는 단절과 소외의 공간이 아닌, 타인의 삶과 조우하는 장소로 기능한다. 그녀는 말없이 앉아 있지만, 세상과 멀어지지 않고 오히려 사람들의 삶에 귀를 기울인다. 이야기를 "주워담는다"는 표현은 능동적인 수집이 아니라 조심스럽고 다정한 공감의 태도다. 이 대목은 그녀의 내면이 얼마나 열려 있고 따뜻한지를 보여준다.

#

까치수영이 피었다

그동안 키만 쑥쑥 키우더니
며칠 사이
하얀 여름을 매달고
여우 꼬리보다 긴 꽃 무리를 내민다

자잘한 꽃차례가 길고 긴 여름 하루를 수놓자
하나 둘 모여드는 벌 나비 주변 소식 전한다

가장 긴 하루를 밝히는 일이란
이렇게 흩어진 것을 모으고 보듬는
일이 아닌지

　　－「하지와 까치수영」 전문

「하지와 까치수영」은 하지夏至, 즉 일 년 중 낮이 가장 긴 날을 배경으로 한여름 들녘에 피어난 까치수영 꽃과 그것을 바라보는 시인의 따뜻한 시선을 담아낸 자연 서정시이다. 이 시는 시간의 흐름 속에서 피어나는 생명과 존재의 의미를 단정하고도 고요한 언어로 보여준다.

첫 구절 "까치수영이 피었다"는 문장은 마치 계절의 선언처럼 시의 문을 연다. 이 짧고 간결한 한 줄은 자연의 움직임을 기민하게 포착하고 그로부터 이야기를 이끌어 내는 시인의 감각을 드러낸다. 이어지는 "하얀 여름을 매달고 / 여우 꼬리보다 긴 꽃 무리를 내민다"는 표현은 감각적 이미지로 가득 차 있다. 까치수영의 길고 부드러운 꽃차례가 마치 여름을 끌고 나오는 듯 묘사되며 생명의 움직임을 생동감 있게 형상화한다.

"자잘한 꽃차례가 길고 긴 여름 하루를 수놓자"는 문

장에서 시인은 꽃과 시간의 교차를 시적으로 연결한다. 까치수영의 작고 수많은 꽃들이 모여 긴 하루를 '수놓는다'는 것은, 단조롭고 덥기만 한 여름날 속에서도 자연은 정밀하고 아름다운 질서를 세운다는 뜻이다. 벌과 나비가 등장하는 장면에서는 이 꽃이 생명의 소통의 장이자 계절의 중심임을 다시 확인하게 된다.

 마지막 연은 시의 정서를 더욱 깊게 만든다. "가장 긴 하루를 밝히는 일이란 / 이렇게 흩어진 것을 모으고 보듬는 / 일이 아닌지"라는 구절은 이 시의 철학적 중심이 된다. 시인은 자연의 질서를 단지 관찰하는 데 그치지 않고 그 속에서 삶의 태도를 길어 올린다. 가장 길고 뜨거운 하루를 의미 있게 밝히는 방법은 흩어진 생명과 조각난 시간, 작은 것들을 모아 '보듬는' 일이라고 말한다. 이는 시인의 시적 태도이자 독자에게 건네는 삶의 방식이기도 하다.

 「하지와 까치수영」은 계절의 절정 속에서 자연의 섬세한 움직임을 포착하고 그 속에서 삶의 지혜와 따뜻한 시선을 발견한 시다. 까치수영의 하얀 꽃차례는 생명의 분주함을 상징하면서도 동시에 흩어진 존재들을 향한 시인의 보듬는 마음을 상징한다. 이순득 시인은 이 시를 통해 우리가 가장 바쁜 시간 속에서도 잠시

멈춰 작은 존재들의 숨결에 귀 기울이기를 권한다.
　#
　햇살과 바람
　색마다 고뇌가 있다

　지나온 생
　붉은 것은 붉은 대로
　노란 것은 더욱 노랗게

　나무가 나이테로 추억을 새기듯
　잎은 색깔로 추억을 새겼다

　난 훗날 무슨 색으로 남을까

　나는 나대로
　그는 그 나름대로
　그렇게 생을 그린다

　　　　　－「가을 묵상」 일부

「가을 묵상」은 계절의 정서와 존재의 성찰이 조화롭게 맞물린 시이다. 시인은 가을 햇살과 바람, 나뭇잎의 색을 통해 자연이 지닌 언어를 읽어내며 그것을 인간 삶의 궤적과 겹쳐 바라본다. 이 시는 단 몇 줄로 존재의 고유성과 공존의 아름다움을 동시에 환기시킨다.

첫 구절 "햇살과 바람 색마다 고뇌가 있다"는 감각적인 자연 묘사 속에 철학적 인식을 담고 있다. 가을의 색이 단지 아름다움의 상징이 아니라 그 속에 품은 시간과 고뇌의 흔적이라는 점을 시인은 강조한다. 바람 한 줄기, 햇살 한 줄기에도 겪어낸 생의 무늬가 새겨져 있다는 통찰이다.

"나무가 나이테로 추억을 새기듯 / 잎은 색깔로 추억을 새겼다"는 구절은 자연의 변화가 단순한 순환이 아님을 보여준다. 나이테가 나무의 시간을 기록하듯 단풍으로 물든 잎 역시 저마다의 추억을 품은 기록물이다. 여기서 시인은 자연을 기록자이자 화자로 보고 '색'이라는 비언어적 방식으로 기억을 전하는 존재로 묘사한다.

"나는 나대로 그는 그 나름대로 / 그렇게 생을 그린다"는 인간 존재에 대한 시인의 너그러운 인식을 보여준다. 모든 생명은 각자의 방식으로 추억을 새기고 고뇌를 안으며 살아간다. 그 누구도 완전히 같은 색으로 물들지 않으며 각자의 고통과 기쁨의 방식으로 생을 '그린다'. 이 구절은 나와 타인의 차이를 인정하면서도 그 모두가 삶이라는 큰 그림을 함께 만들어 간다는 공존의 윤리를 품고 있다.

　즉 「가을 묵상」은 자연의 색에서 인간의 삶을 비춰 보며 고유한 존재로서의 자각과 서로 다른 삶의 결을 포용하는 시인의 시선을 담고 있다. 가을이 깊어짐은 곧 인간 존재의 내면을 비추는 거울이며 시인은 그 안에서 각자의 고뇌와 추억, 생의 방식을 다정하게 바라본다. 이 시는 조용한 시선 속에 삶의 복잡성과 아름다움을 함께 품은, 짧지만 울림 깊은 묵상의 시다.

　#

상수리나무 밑에 쪼그리고 앉자
보이지 않던 것들이 보인다
낙엽과 함께 지상에 내려와
뒹굴고 있는 고만고만한 작은 것들
어떤 것들은 싹을 틔우고
어떤 것들은 벌레가 파고들고
어떤 것들은 다람쥐가 물어가고
어떤 것들은 사람들의 손길로 들어온다

몸을 낮춰야 보이는 것들이 있다
콩이며 들깨며 땅콩에 고구마
거둬들인 가을 알곡들은
태풍 천둥에 뜨거운 햇살에
때로는 가슴을 졸이고 숙여야 했기에
생긴 것들
구구절절 잔소리를 먹고 철이 들면서
엄마의 굽은 허리도 보이고
갈라진 손톱 밑도 만져진다

가을 산을 오르니 주울 게 많다
도토리며 밤이며
거기다가 시詩까지 주울 수 있으니

-「낮출수록」 전문

이순득 시인의 「낮출수록」은 시인이 자연 속에서 체득한 깨달음을 중심으로 삶의 태도와 관계의 본질을 사유하는 시다. 시는 상수리나무 아래에 쪼그리고 앉는 장면으로 시작되며 바로 그 낮아진 자세에서 새로운 '보임'이 시작된다. 이는 물리적 시야의 변화이자 내면적 인식의 확장이다.

"보이지 않던 것들이 보인다 // 몸을 낮춰야 보이는 것들이 있다"는 구절은 단순한 관찰을 넘어 인간관계와 인생을 바라보는 태도의 은유로 읽힌다. 높이 올라서 보려는 것보다 낮아짐 속에서 발견되는 것이 더 깊고 진실하다는 점을 시인은 강조한다. '낮춤'은 단지 몸의 자세가 아니라 마음의 위치를 말하는 것이기도 하다.

중간 연에서는 시적 자아의 내적 성장이 드러난다. "구구절절 잔소리를 먹고 철이 들면서" 보이게 된 엄마의 굽은 허리와 갈라진 손톱 밑. 이는 자라나며 얻게 되는 인식의 변화, 즉 철든다는 것의 의미를 정확히 포착한 장면이다. 과거에는 듣기 싫던 말들이 이제는 이해되고 보이지 않던 고단함이 손에 잡히듯 느껴진다. 시인은 몸을 낮춘다는 물리적 행위와 부모의 삶을 이해하게 되는 내적 낮춤을 겹쳐 보여준다.

마지막 연에서는 자연의 선물과 시인의 감흥이 절묘하게 맞물린다. "가을산을 오르니 주울 게 많다 / 도토리며 밤이며 / 거기다가 시까지 주울 수 있다니"라는 구절은 자연과의 교감 속에서 우연히 발견되는 기쁨을 담고 있다. 도토리나 밤처럼 작은 결실 속에서 시조차 '줍는다'는 표현은 시인이 시를 삶 속에서 아주

낮은 곳에서 발견한다는 의미다. 그것은 의도적으로 쓰는 시가 아니라 겸손과 성찰 속에서 다가오는 시다.
「낮출수록」은 겸손한 태도와 진심 어린 관찰을 통해 삶의 깊이를 깨닫고 타인의 고통을 이해하게 되는 과정을 담은 시다. 시인은 상수리나무 아래에서, 어머니의 손톱 밑에서, 가을 산의 낙엽 사이에서 시를 발견한다. 이순득 시인은 말한다 －낮출수록, 우리는 더 많은 것을 보고 더 깊이 느끼며 마침내 시에 이른다고.

#
이팝나무꽃이 활짝 핀 길을 가다가
아는 언니를 만났다
집에 밥 한번 먹으러 오라고 한다
그냥 밥 한번 먹자 해도
친근함을 느끼는데
집밥이라니
말만 들어도 배가 부르다
의례적인 말이라도
경품에 당첨된 듯 즐거워진다

따뜻한 말 한마디 얼굴에 꽃이 피고
사월의 신록 부풀 듯 가슴도 부푼다
먹거리가 귀하던 시절
이팝나무꽃 같은
푸짐한 밥 한 그릇
먹는 게 소원이라던
…

밥 한 그릇은 여전히
이음새다
누군가에게 다가간다는 건
사람 사이에 살이 오르는 일

이팝나무꽃 피어나듯
풍성한 인정으로 솟아나고
살가운 언니의 얼굴
따뜻한 밥 한 그릇이다

　　－「이팝나무가 말을 건다」 전문

　이순득 시인의 시 「이팝나무가 말을 건다」는 한 편의 짧은 산문 같으면서도 그 안에 인간관계의 본질과 언어의 따뜻함이 진하게 스며 있는 작품이다. 시인은 이팝나무꽃이 흐드러지게 핀 사월의 길목에서 지인을 만나고 그 지극히 일상적인 만남과 대화 속에서 감정의 파문을 길어 올린다.

첫 구절 "이팝나무꽃이 활짝 핀 길을 가다가 아는 언니를 만났다"는 평범한 하루의 장면으로 시작되지만, 곧바로 "집에 밥 한번 먹으러 오라고 한다 / 말만 들어도 배가 부르다"라는 따뜻한 정서의 중심으로 이어진다. 이 대목은 언어가 단순한 전달을 넘어 마음의 위로와 정서적 포만감을 줄 수 있음을 보여준다. '말만 들어도 배가 부르다'는 표현은 말이 음식처럼 위로가 되고 사람 사이의 공감을 불러일으킨다는 점을 감각적으로 표현한 것이다.

"따뜻한 말 한마디 얼굴에 꽃이 피고 / 사월 신록 부풀 듯 가슴도 부푼다"는 시인은 사람 사이의 온기가 자연의 생명력과 맞닿아 있음을 암시한다. 말 한마디에 얼굴이 환해지고 가슴이 부푸는 변화는 단지 감정의 움직임을 넘어 관계를 통해 인간이 다시 살아나는 경험을 담고 있다. 이 구절은 봄의 이미지와 정서적 반응을 절묘하게 겹쳐 보여준다.

후반부에서는 시의 핵심 메시지가 명확히 드러난다.

"밥 한 그릇은 여전히 / 이음새다 / 누군가에게 다가간다는 건 / 사람 사이에 살이 오르는 일"이라는 구절은 밥이라는 구체적인 사물이 어떻게 사람과 사람을 잇는 매개가 되는지를 시적으로 풀어낸다. '이음새'는 관계의 연결점을 의미하며 밥은 그 이음새를 매끄럽게 만들어주는 삶의 상징이다.

"살이 오르는 일"이라는 표현은 단지 체중의 증가가 아니라 관계가 두터워지고 정서가 풍성해지는 상태를 말한다. 다시 말해, 누군가에게 마음을 내밀고 또 누군가가 그 마음을 받아줄 때, 사람 사이엔 온기가 차오른다.

마지막 구절 "살가운 언니 얼굴이 따뜻한 밥 한 그릇이다"는 이 시의 정수를 압축한 비유다. 사람은 사람에게 밥이 되고 위로가 되며 삶의 한 끼가 된다. 이는 시인이 지향하는 관계의 윤리이며 일상 속 시의 본질을 드러내는 명확한 한 줄이다.

이순득 시인의 시집 『이팝나무가 말을 건다』는 조용한 어조 속에서 생의 본질을 들여다보고 그 감정을 단단히 품는 시인의 따뜻한 언어로 채워져 있다. 그는 말 많은 시인이 아니다. 오히려 작은 것, 지나치는 것, 잘 들리지 않는 것에 귀를 기울이는 시인이다. 들꽃과 기억, 툇마루의 햇살과 여름의 바람, 아버지의 주름 같은 것들이 그의 시에서는 주인공이 된다.

이 시집은 우리로 하여금 삶의 속도를 늦추고 고요한 목소리에 귀 기울이게 만든다. 시인은 자연과 사람, 계절과 감정, 흩어진 존재들을 한 줄 한 줄 시로 꿰어 삶의 빛나는 조각들을 이어준다. '보듬는 일', 그 자체가 시인의 언어이며 자세이다.

『이팝나무가 말을 건다』는 단정하고 따뜻한 시선으로 삶을 바라보는 한 시인의 아름다운 대화이며 독자에게도 잔잔한 위로와 환기를 건네는 별빛 같은 시집이다. 시인은 우리에게 묻고 있다. 당신 마음에도 이팝나무의 말이 들리느냐고.